BEI GRIN MACHT SICH IHR WISSEN BEZAHLT

- Wir veröffentlichen Ihre Hausarbeit,
  Bachelor- und Masterarbeit

- Ihr eigenes eBook und Buch -
  weltweit in allen wichtigen Shops

- Verdienen Sie an jedem Verkauf

Jetzt bei www.GRIN.com hochladen
und kostenlos publizieren

Bibliografische Information der Deutschen Nationalbibliothek:

Die Deutsche Bibliothek verzeichnet diese Publikation in der Deutschen National-
bibliografie; detaillierte bibliografische Daten sind im Internet über http://dnb.d-
nb.de/ abrufbar.

Dieses Werk sowie alle darin enthaltenen einzelnen Beiträge und Abbildungen
sind urheberrechtlich geschützt. Jede Verwertung, die nicht ausdrücklich vom
Urheberrechtsschutz zugelassen ist, bedarf der vorherigen Zustimmung des Verla-
ges. Das gilt insbesondere für Vervielfältigungen, Bearbeitungen, Übersetzungen,
Mikroverfilmungen, Auswertungen durch Datenbanken und für die Einspeicherung
und Verarbeitung in elektronische Systeme. Alle Rechte, auch die des auszugsweisen
Nachdrucks, der fotomechanischen Wiedergabe (einschließlich Mikrokopie) sowie
der Auswertung durch Datenbanken oder ähnliche Einrichtungen, vorbehalten.

Impressum:

Copyright © 2007 GRIN Verlag, Open Publishing GmbH
Druck und Bindung: Books on Demand GmbH, Norderstedt Germany
ISBN: 9783640478644

Dieses Buch bei GRIN:

http://www.grin.com/de/e-book/139743/neue-medien-e-learning-in-der-arbeitslehre

Hanna Ruehle

Neue Medien - E-Learning in der Arbeitslehre

GRIN Verlag

GRIN - Your knowledge has value

Der GRIN Verlag publiziert seit 1998 wissenschaftliche Arbeiten von Studenten, Hochschullehrern und anderen Akademikern als eBook und gedrucktes Buch. Die Verlagswebsite www.grin.com ist die ideale Plattform zur Veröffentlichung von Hausarbeiten, Abschlussarbeiten, wissenschaftlichen Aufsätzen, Dissertationen und Fachbüchern.

Besuchen Sie uns im Internet:

http://www.grin.com/

http://www.facebook.com/grincom

http://www.twitter.com/grin_com

Inhaltsverzeichnis

1. Einleitung

Es ist Abend, die Lieblingssendung läuft gerade- es ist nahezu ein Reflex zur Fernbedienung zu greifen und das Fernsehgerät einzuschalten. Auch Abläufe wie E-Mails schreiben und Computer spielen gehören mittlerweile zum Alltag der meisten Menschen. In einer Industriegesellschaft zu leben, bedeutet immer auf dem neuesten Stand zu sein- während ältere Menschen den Anschluss an die aktuellste Technik schon längst verloren haben und sich mit Computern nur selten auskennen, steht die Jugend in der Fußgängerzone und unterhält sich über die aktuellsten Computerspiele.

Der richtige Umgang mit den neuen Medien muss „gelernt" sein, gerade weil uns diese Medien „rund um die Uhr" zur Verfügung stehen, ist es wichtig, die Kinder und Jugendlichen soweit zu kontrollieren, dass sie ihrem Alter entsprechende Sendungen sehen- die Eltern sollten ihnen einen adäquaten Zugang zu den Medien ermöglichen. Die Schule als Bildungseinrichtung hilft den überforderten Eltern hier oftmals, indem die Schüler durch Informatik, Arbeitslehre oder andere Unterrichtsfächer in die Welt der Technik eingeführt werden. Die älteren Generationen staunen, was die kleinen Enkel schon so alles können und fragen sich nicht selten: „Neue Medien- was ist das eigentlich?" - Dieser Frage soll im Folgenden Abhilfe geschaffen werden.

2. Neue Medien

Der Ausdruck „neue Medien" beschreibt alle uns zugänglichen elektronischen Medien, die über Kabel oder ähnliche Übertragungssysteme in unsere Wohnzimmer gelangen. Als typische Beispiele gelten der Computer, das Video, das Kabel- und Satellitenfernsehen, auch Medien wie der Bildschirmtext, DVD oder Internet werden hierzu gezählt (vgl. Schmälzle 1992, S. 12).

Diese Medien sind uns ununterbrochen zugänglich, sie lassen uns an den Geschehnissen und Ereignissen in der Welt teilhaben und liefern uns Informationen, die uns sonst wahrscheinlich verwehrt bleiben würden. Wer wüsste schon, wo gerade Krieg herrscht, wenn er kein Fernsehgerät hätte? Vielleicht würde auch die Tageszeitung die neuesten Ereignisse nicht berichten können, weil die Journalisten kaum mitbekommen, was in der Welt vor sich geht. Gerade die Komplexität und Unüberschaubarkeit der neuen Medien führen besonders bei Kindern und Jugendlichen zum Überkonsum beziehungsweise zum falschen Konsum. Ziel ist es, den Jüngeren einen angemessenen Medienkonsum anzueignen und ihnen grundlegende technische Fertigkeiten beizubringen.

2.1. Neue Medien als „Tutoren"

Die Schulen haben zunehmend die Aufgabe, den Lernenden einen Einblick in die Möglichkeiten des richtigen Medienumgangs zu geben, durch Projekte im Unterricht werden wichtige Kompetenzen der Schülerschaft gefördert, hier bekommen sie einen realen Bezug zu den Medien (vgl. Schmälzle 1992, S. 13). Den neuen Medien kommen viele Aufgaben zu: „Die neuen Medien haben das Potenzial, Lehr- Lerninhalte multimedial, verlinkt und interaktiv darzustellen und damit verschiedene Formen der Wissensaneignung nahe zu legen, die sich vom Lernen mit linearen Texten erheblich unterscheiden." (Reinmann-Rothmeier2003, S. 13). Die neuen Medien sollen als Lernräume genutzt werden, statt Talkshows sollen in der Freizeit auch ab und zu Nachrichten geschaut werden und der Computer sollte nebenher auch zum Texte verfassen dienen.

Wie wichtig und selbstverständlich diese Medien für uns geworden sind, wird zum Beispiel an den Anforderungen an eine Bewerbung ersichtlich- welcher Betrieb würde sich heutzutage noch eine handschriftliche Bewerbung ansehen? Auch Herr Schmälzle fordert den Einsatz von Medien in der Schule: „Wir plädieren dafür, medienkritisches Verhalten bei Jugendlichen auch dadurch zu fördern, sie selbst als Produzenten aktiv werden zu lassen und geeignete Lehrarrangements hierfür zu schaffen." (Schmälzle 1992, S. 13). Das Entwickeln neuer Medien muss auch eine Weiterentwicklung der Medienkompetenz beim Schüler mit sich ziehen, denn die Zukunft, sowohl beruflich als auch privat, wird geprägt sein von neuen Medien- man ist heute schon auf einen Computer angewiesen, wenn man zur Schule geht oder studiert (vgl. Langen 1999, S. 19). „ Weiterhin wurden neue Medien nicht kontrovers diskutiert. Sie gelten als unverzichtbare Instrumente für Bildungsprozesse und werden geschätzt aufgrund ihrer Realitätsnähe sowie ihres Nutzens für Kooperation, Kommunikation und Teamarbeit." (Langen 1999, S. 29). Nachgewiesen ist, dass neue Medien als Tutoren sich positiv auf das Lernverhalten des Schülers auswirken.[1]

2.2. Vorteile von neuen Medien für die Entwicklung der Schüler

Der Einsatz neuer Medien im Schulalltag geschieht sowohl mit dem Nutzen des Fernsehgerätes, als auch durch den Einsatz von Computern. Durch Lehrfilme, vor allem in Chemie und Biologie wird der Schüler an den Lernstoff herangeführt, durch die Darstellung der Zellen oder ähnlichem bekommt der Schüler eine bessere Vorstellung von Abläufen in seinem Körper. „ Der pädagogisch ausgewogene Einsatz von Software ermöglicht die Darstellung von Wissen auf andere Weise. So können Schülerinnen und Schüler zum Beispiel

---

[1] Vorausgesetzt wird hier ein pädagogisches Konzept, mit dem der Unterricht gestaltet wird.

naturwissenschaftliche Vorgänge besser verstehen, wenn numerische Sachverhalte durch Farbe visualisiert werden." (Langen 1999, S. 32). Durch den Einsatz der Computer erlernt der Schüler Fertigkeiten wie das Texte verfassen und den Umgang mit dem Internet als Recherchemedium. Die Schüler haben Abwechslung zum sonst immer gleichen Schulalltag, sie werden selbst zum Akteur und müssen sich nicht alles vom Lehrer „vorkauen" lassen, folglich wird ihre Motivation gesteigert, gleichzeitig wird ihnen eine Verantwortung aufgetragen- sie müssen das Erarbeitete schließlich vor der Klasse präsentieren. Die Schüler werden zunehmend selbstbewusster, sie sehen ein Ergebnis, dass sie selbst erarbeitet haben und werden insgesamt selbstsicherer. Wichtig ist, dass hinter dem Spaßfaktor für die Schüler auch immer ein bewusstes Lernziel verfolgt wird- der Lehrer sollte sich bemühen, ein pädagogisches Konzept zu erarbeiten, damit die Schüler auch etwas „mitnehmen". Durch den Einsatz neuer Medien in Verbindung mit einem adäquaten pädagogischen Konzept erhält der Unterricht insgesamt eine neue Qualität (vgl. Langen 1999, S. 33). Speziell der Begriff des E-Learning taucht in diesem Zusammenhang immer häufiger als Lernmethode auf.

3. E- Learning in der Arbeitslehre

Der Begriff des E- Learnings steht als Abkürzung für „electronic learning", was soviel bedeutet wie Lernen mit elektronisch gestützten Medien (vgl. Reinmann- Rothmeier 2003, S. 31). Das E- Learning bezeichnet also jede Lernform, die von Medien unterstützt wird. „ E-Learning schließt also heute sowohl Lernen mit lokal installierter Software (Lernprogramme, CD- ROM) als auch Lernen über das Internet ein." (Reinmann- Rothmeier, S. 31). In der Schule dient zum Beispiel das Unterrichtsfach Arbeitslehre als Einsatzort für E-Learningmethoden.

3.1. Was bedeutet Arbeitslehre?

An dieser Stelle erscheint es mir notwenig, den Begriff Arbeitslehre weitestgehend zu definieren. Arbeitslehre[2] beschreibt ein Unterrichtsfach beziehungsweise einen Fächerkomplex an allgemein bildenden Schulen, wobei sich das Gymnasium von der Arbeitslehre distanziert, da das Unterrichtsfach gegen die Gymnasialtradition „verstößt", die sich an der Trennung von Bildung und Ausbildung orientiert. An Haupt-, Real- und Sonderschulen ist das Lernfeld Arbeitslehre ein Pflichtfach, oft dient es den Schülern als Alternative zur zweiten Fremdsprache.

---

[2] Arbeitslehre ist in einigen Bundesländern auch als Arbeit- Wirtschaft- Technik (AWT) bekannt.

Die Arbeitslehre als Unterrichtsfach ist bundeslandabhängig, aufgrund der unterschiedlichen Lehrpläne der einzelnen Länder liegen die Schwerpunkte des Faches in verschiedenen Themenbereichen. Einige Auszüge der Lehrpläne der Bundesländer[3] sollen diese Differenzen verdeutlichen: So beinhaltet der Lehrplan des Landes Baden-Württemberg Arbeitslehre als Lernfeld, nicht als eigenständiges Fach- gegliedert ist das Lernfeld hier in MNT (Materie- Natur- Technik) und WAG (Wirtschaft- Arbeit- Gesundheit). Das Land Bayern unterteilt das Fach Arbeitslehre in folgende Bereiche: Arbeit- Wirtschaft- Technik, Werken/ textiles Gestalten, gewerblich-technischer Bereich, kommunikationstechnischer Bereich oder hauswirtschaftlich- sozialer Bereich.[4] Im Lehrplan des Bundeslandes Niedersachsen wird explizit darauf hingewiesen, dass die Lehrer und Lehrerinnen noch „fachfremd" unterrichten, es jedoch viele Lehrgänge gibt. Angeboten werden hier im Lernfeld Arbeitslehre gestaltendes Werken, textiles Gestalten und ab der 7. Klasse zusätzlich Arbeit- Wirtschaft- Technik. Das Bundesland Hessen hat gesetzlich festgelegt, dass Themen wie die Praktikumsvor- und Nachbereitung Aufgabe aller Schulformen sind, jedoch gibt es das Fach Arbeitslehre an Gymnasien hier nicht mehr (vgl. Bildungsserver Hessen, AL in den Bundesländern(2007)).[5] Im Bundesland Schleswig- Holstein existiert Arbeitslehre als eigenständiges Unterrichtsfach nicht, vielmehr werden Elemente der Arbeitslehre in den Fächern Wirtschaft/ Politik, Hauswirtschaft, Technik/ Technisches Werken und Textiles Werken vermittelt (vgl. Dedering 1994, S. 49). Die Beispiele der einzelnen Bundesländer sollten die Differenzen der Lehrpläne für das Lernfeld Arbeitslehre aufzeigen. Grundlegend sind jedoch die Ziele der Arbeitslehre ähnlich.

3.2.Lernorte und Ziele der Arbeitslehre

Das Lernfeld Arbeitslehre soll die Schüler in die Berufswelt einführen. *„ Der junge Mensch soll befähigt werden, seine persönlichen Chancen in der Arbeitswelt wahrzunehmen und Nachteilen vorzubeugen, um sich im Sach- und Systemzwang der Industriegesellschaft behaupten zu können."* (Dedering 1994, S. 103). In der Arbeitslehre sollen kognitive Schulung und manuelle Fähigkeiten zusammengeführt werden- die Theorie soll mit der Praxis verbunden werden. „Dabei kommt der Arbeitslehre eine zentrale Rolle zu(…)sollen die Lernenden sinnliche Erfahrungen erwerben und in einer gemeinsamen Ausbildung von kognitiven, sozialen und praktischen Fähigkeiten und Fertigkeiten zu einer umfassenden

---

[3] Die einzelnen Lehrpläne sind aktuell von 2007.
[4] Die hier angeführten Lernbereiche sollen nur einen Einblick geben- sie gelten nur für die Hauptschule in Bayern.
[5] Online unter http://lernen.bildung.hessen.de/arbeitslehre/awa/news/1176825946 abrufbar (Zugriff am 19.06.2007, 13: 52Uhr).

Persönlichkeitsausbildung gelangen." (Dedering 1994, S. 31). Die Schüler lernen den Umgang mit den neuen Techniken (Geräte, Maschinen, Hard- und Software) und die Vielfältigkeit ihres Einsatzes (vgl. Dedering 1994, S. 32). Einsatzorte für Methoden in der Arbeitslehre sind sowohl der Schulgarten, der Computerraum, die Schulwerkstatt- und Küche als auch der Klassenraum und der Schulhof. Die Arbeitslehre bereitet auf die berufliche Zukunft mit ihren technischen, ökonomischen und sozialen Zusammenhängen vor, dabei werden wichtige Kompetenzen (Sach-, Methoden- und Sozialkompetenz) gefördert. Sachkompetenz beschreibt die Kompetenz, fachliches Wissen und Fertigkeiten zu besitzen und situationsgerecht ein- und umzusetzen- beispielsweise lernen die Schüler hier den richtigen Umgang mit dem Computer. Die Methodenkompetenz meint die Kompetenz, das richtige zur richtigen Zeit zu tun, ein Beispiel wäre die Strategieentwicklung zur Fehlersuche(beispielsweise warum der PC nicht funktioniert). Die Entwicklung der Sozialkompetenz ist wichtig, um sich richtig artikulieren zu können, die Schüler sollen lernen, sich in Gruppen zu behaupten und mit eigenen Gedanken, Gefühlen und Einstellungen umzugehen (vgl. Reinland- Pfalz Lehrplan Arbeitslehre).[6] Das Lernfeld Arbeitslehre soll allen Schülern, auch den Lernbenachteiligten, die Chance auf eine Eingliederung in den Arbeitsmarkt geben. Alle Schüler sollen gleichermaßen mit aktueller Technik umgehen können, so entsteht eine Vision der Chancengleichheit, da auch Schüler, die sich privat keinen Computer leisten können, nun Zugang zu dieser Technik haben. Die Schulen versuchen soweit wie möglich, den Schülern benötigte Mittel und Lehrkräfte zur Verfügung zu stellen, doch die Voraussetzungen für das erfolgreiche Lernen mit E- Learningmethoden sind noch von vielen anderen Faktoren bestimmt.

3.3. Voraussetzungen für den Einsatz von E- Learningmethoden

Zu den Rahmenbedingungen für die Arbeit mit E- Learning im Unterricht gehört erst einmal eine ausgebildete Lehrkraft, die pädagogische Konzepte zum Lernen erarbeiten kann, sich mit der Technik selbst auskennt und den Schülern sagen kann, wie sie zu arbeiten haben. So sollten diese eventuell an einer Lehrerfortbildung teilnehmen, um die Ziele der Arbeit mit Medien verwirklichen zu können und die Schüler in das Feld der Medienarbeit einführen zu können. Bei der Planung eines Projekts mit neuen Medien muss der Zeitrahmen beachtet werden, denn das Projekt sollte beendet werden, damit es von den Schülern ernst genommen wird- bei einem Projekt, das viel mehr Zeit beansprucht, als verfügbar ist, sind die Schüler unmotiviert, weil sie kein Ziel vor Augen haben. Auch die benötigten Räumlichkeiten müssen

---

[6] Online unter http://www.pz-rlp.de/neu/04/LP_331_27.pdf abrufbar (Zugriff am 19.06.2007, 15: 23Uhr).

gegeben sein, die Schüler benötigen genug Platz um ihr Projekt durchzuführen. Die Kostenfrage sowie der Zugang zur Technik müssen vorab durch den Lehrer geklärt werden, denn die Schule muss mit benötigten Geräten wie Computer oder Fernsehgerät ausgestattet sein, wenn diese zur Projektdurchführung benötigt werden- Wie soll ein Schüler im Internet recherchieren lernen, wenn es keinen Internetzugang gibt und er zu hause auch keinen Zugriff hat? Der Lehrer muss dafür sorgen, dass die Schüler Vorkenntnisse im Projektbereich haben- wer noch nie einen Videokamera bedient hat, kann schlecht hinter der Kamera eingesetzt werden. Auch der Rahmen des Projekts muss zum Lernstoff passen, so wäre ein Projekt für die Arbeitslehre beispielsweise die Stellensuche im Internet. Nicht zu vergessen ist das pädagogische Konzept, auf dem sich das Projekt aufbauen sollte, damit ein Lernprozess erfolgt (vgl. Qualitätskriterien für E- Learning).[7] Bei der Gewährleistung der Rahmenbedingungen verbessert sich das Lernklima in der Klasse, die Schüler haben Spaß am Lernen und akzeptieren den Lehrer, da er nun jemand ist, der ihnen Freiräume zum eigenständigen Lernen gibt, statt zu ermahnen und umzusetzen, wenn er den Unterricht stört.

3.4. Auswirkungen von E- Learning im Unterricht

Durch den Einsatz von E- Learningmethoden erfolgt ein Rückgang der Disziplinarprobleme in der Klasse, die Schüler haben Spaß am Lernen und akzeptieren einander, da sie zusammenarbeiten müssen. Auch das Schüler- Lehrer- Verhältnis verbessert sich sichtbar, durch die Abkehr vom Frontalunterricht fühlen sich die Schüler mächtiger, sie werden zu Akteuren und tragen Verantwortung- sie bestimmen weitgehend selbst wie sie in der Projektarbeit was umsetzen und wer welche Rolle übernimmt. „ Der Umgang mit Medien legt verdeckte Fähigkeiten frei, die Phantasie der Schüler wird angeregt, sprachliche und mediale Ausdrucksfähigkeit verbessern sich, und selbstreflexive Denk- und Lernprozesse werden gefördert." (Langen 1999, S. 32). Naturwissenschaftliche Vorgänge können besser nachvollzogen werden, wenn sie auf dem Fernsehgerät angesehen werden- durch Videobeiträge zum Beispiel zum Thema „Gewalt unter Jugendlichen", wird emotionale Beteiligung an diesem Thema erhöht, die Schüler können sich besser in Situationen hineinversetzen und mitfühlen (vgl. Langen 1999, S.32). Durch Projekte und andere Lernmethoden lösen sich die Alltagsroutinen auf, der Schüler freut sich auf den Unterricht, da er nicht einfach 45Minuten auf dem Stuhl sitzen muss, sondern agieren- und sich ausprobieren kann. Handlungs- und projektorientierter Unterricht führt zu einer besseren Kommunikation im Klassenverband und zu einer besseren sozialen Interaktion, die Schüler

---

[7] Online unter http://www.e-teaching-austria.at/download_mat/Qualitaetskriterien.pdf abrufbar (Zugriff am 19.06.2007, 15:46Uhr).

arbeiten zusammen, sie sind auf den jeweils anderen angewiesen, um zu einem Ergebnis zu kommen. „…Medien(…) sie sind für Kinder und Jugendliche vor allem sehr attraktive Mittel, um ihre ganz persönliche Sichtweise auszudrücken und öffentlich zu machen." (Langen 1999, S. 53). Durch den Einsatz neuer Medien verbessert sich zudem die technische Infrastruktur der Schule, da neue Geräte angeschafft werden müssen, sowohl um Projektarbeiten durchführen zu können als auch für das Zustandekommen des Informatikunterrichts, bei dem der Klassenraum mit Computern ausgestattet sein sollte (vgl. Langen 1999, S. 34). Nachgewiesen ist, dass der Einsatz von Medien zu einem schnelleren und effektiveren Lernen bei den Schülern führt, diese konzentrieren sich mehr auf das Thema und integrieren sich gezwungenermaßen, denn sie sind nun schließlich zum Akteur geworden und von ihnen ist das Ergebnis abhängig. Fraglich ist, ob alle Schulen die Möglichkeiten der Mediennutzung verwirklichen können, schließlich ist der Einsatz von Medien im Unterricht mit vielen Kosten und einer enormen Umstrukturierung des Lehrplanes verbunden.

4. Kritische Betrachtung der neuen Medien im Unterricht

Den neuen Medien kommt eine große Verantwortung zu, sie sollen den Schüler auf die Anforderungen der beruflichen Zukunft vorbereiten- die Schüler sollen mit ihnen lernen. Nun fragt man sich jedoch ob die Lehrer die Verantwortung der Wissensvermittlung auf die Medien abwälzen, denn es scheint so, dass die Mediennutzung notwendig ist, um die Schüler zu bilden.Doch woher weiß man, wie sie richtig eingesetzt werden müssen? Und: Wie kann der Schüler bei gleich bleibender Stundenanzahl nebenbei noch den Umgang mit Medien lernen, bleibt da wichtiges Wissen auf der Strecke?

4.1. Vision oder Zukunft?

Fest steht, dass wir auf den Umgang mit Medien nicht verzichten können, wir können uns der Notwendigkeit des Mediennutzens nicht entziehen- im Berufsleben sind wir auf Computerarbeit angewiesen, auch wird von uns eine gute Allgemeinbildung verlangt, die sich durch das Nachrichtenschauen unter anderem verbessert. Der Umgang mit den Medien muss gelernt werden- Doch wo? Durch wen? Wie?Die Schule als Bildungsinstitution ist verpflichtet, den Schülern Allgemeinwissen und notwendige Kompetenzen für die Zukunft zu vermitteln. Grundlegend liegt hier also die Basis für einen richtigen Umgang mit den Medien, doch sind auch die Eltern zu hause verpflichtet, zu prüfen, was das Kind im Fernseher schaut und wie lange es vor dem Computer hängt. Der Umgang mit Medien wird durch den Arbeitslehreunterricht gefördert, die Schüler lernen viele Techniken kennen und erlangen wichtige Kompetenzen für ihr weiteres Leben. Ein Verzicht auf die Medien ist nicht denkbar, die heutige Zeit fordert von jedem, der in der Berufswelt steht, Kenntnisse im Umgang mit dem Computer. Der Einsatz von Medien im Unterricht ist grundsätzlich nichts Schlechtes, wie die Analyse der Auswirkungen von E- Learning im Unterricht zeigt.[8] Erst einmal ist also nichts gegen den Einsatz von Medien im Unterricht einzuwenden. Es kommt nun einmal wie so oft auf die Methode und die Qualifikation der Lehrkraft an.

4.2. Folgen des Medieneinsatzes: „Die schulische Wirklichkeit"

„Hier wird sehr deutlich, daß Schule, wenn sie an lebendigem und lebensnahem Lernen interessiert ist, mehr Phantasie entwickeln muß, um die Unterrichtsarbeit anders als in engen Fächergrenzen zu organisieren." (Langen 1999, S. 56). Die Schule befindet sich vielerorts noch in einem Umstrukturierungsprozess, die Medien sind hier oft noch eher etwas Besonderes, als dass sie die Schüler auf zukünftige Situationen vorbereiten. Für die Zukunft ist es wünschenswert, dass die Lehrkräfte ausgebildet sind, dass sie in der Lage sind, den Schülern wichtige Kompetenzen zu vermitteln und dass es adäquate pädagogische Konzepte zur Umsetzung der geforderten Maßnahmen gibt. Der Einsatz der neuen Medien im Unterricht soll letztlich eine neue Qualität des Lernens schaffen und das kann nur gewährleistet werden, wenn neben der einfachen Anschaffung der Geräte auch ein didaktisches Konzept erarbeitet wird (vgl. Langen 1999, S. 57). Die Schulen müssen viel in die Geräte investieren, damit die Schüler auf dem neuesten Stand gebracht werden können, also sollte auch das Kosten- Nutzen- Verhältnis stimmen.

4.3. Kosten- Nutzen- Verhältnis

Zum einen wird durch den Einsatz der Medien im Unterricht der Lehrer entlastet, denn er muss nicht mehr pausenlos vor der Klasse stehen, seine Aufgabe ist nun vielmehr das „durch die Reihen gehen" und Kontrollieren, er überprüft den Arbeitsprozess der Schüler und hilft eventuell weiter, wenn Probleme auftreten. Hier besteht die Gefahr des Machtverlustes des Lehrers, denn er gibt den Auftrag der Wissensvermittlung an die Medien ab und wird mehr und mehr zum „Zuschauer". „ Unter den Bedingungen der neuen Medien verliert die Schule in erheblichem Umfang die Kontrolle über die >>notwendigen<< Informationen und damit auch ihr Monopol auf Wissensvermittlung." (Langen 1999, S. 58). Die Lehrkräfte stehen vor einer großen Herausforderung, schließlich sollen sie den Schülern nun etwas vermitteln, das in ihrer Jugend noch gar nicht relevant war- die Lehrerrolle verändert sich im Zuge der

---

[8] Ausgegangen wird hier von ausgebildeten Lehrkräften.

Informationsgesellschaft zunehmend und dessen muss sich auch die Schule bewusst sein. Viele Modellversuche zeigen, dass die Nutzung von Medien Vorteile hat, so zeigt sie den Schülern eine sonst in der Schule nur schwer erreichbare Realitätsnähe und motiviert gleichzeitig auch „faule" Schüler zum Schreiben oder Lesen, etwa durch ein Austauschprojekt mit Schülern anderer Nationen, hier können sich die Schüler gegenseitig E-Mails schreiben und so Erfahrungen austauschen (vgl. Langen 1999, S. 59). Grundsätzlich sind die Chancen, die sich durch den Einsatz neuer Medien eröffnen größer als ihre Kosten, denn die lohnen sich in Verbindung mit motivierten und gut ausgebildeten Lehrkräften. Jedoch bleibt fraglich, inwiefern sich die einzelne Schule diese Investitionen in neue Geräte und Techniken leisten kann, so kann es passieren, dass bei der Abwägung des Kosten- Nutzen- Verhältnisses die neuen Medien schlecht abschneiden und es keine andere Möglichkeit als die Rückkehr zum traditionellen Frontalunterricht gibt- dementsprechend sind hier sowohl die Anbieter und Großhändler als auch die Eltern gefragt.

4.4. Fazit

Letztlich zeigen viele Modellversuche, dass sich der Einsatz von Medien im Unterricht positiv auf die Schüler und ihr Lernumfeld auswirkt. Die Kosten der Internetnutzung können beispielsweise eingedämmt werden, indem man den Internetzugang nur eingeschränkt für die Schüler freigibt, somit können sie nicht grenzenlos im Netz surfen und die Schule spart hier Kosten (vgl. Langen 1999, S. 62). Die Qualifikation der Lehrkräfte ist unumgänglich, um ein Ziel der Medienarbeit verwirklichen zu können und Kompetenzen der Schüler auszubilden. Die Arbeitslehre hat es sich praktisch zur Aufgabe gemacht, mit neuen Medien zu arbeiten, da sie die Berufsvorbereitung der Schüler zum Ziel hat, also ist Computerarbeit hier unumgänglich um das Bewerbungen schreiben zu üben oder im Internet richtig recherchieren zu lernen. Die Medien bieten uns enorme Chancen, also sollte man versuchen, sie als Lehrinstrument in den Schulen zu fördern, damit der Informatikunterricht auch in Zukunft stattfinden kann, auch die großen Firmen sollten sich an anderen Ländern orientieren, in denen Verträge mit Schulen Standard sind und somit die schulische Ausstattung gefördert wird (vgl. Langen 1999, S. 62). Insgesamt muss man, denke ich, erst einmal abwarten, was die Zukunft bringt, denn wir befinden uns in einer Phase des Überganges von traditionellen Unterrichtsmethoden zu neuen, von Medien gestützten Lernmethoden, und aufgrund dessen ist es auch schwierig alles gleich richtig zu machen, vielmehr ist es ein Prozess und diesem sollte man auch die benötigte Zeit zur Umstrukturierung geben.

5. Literaturverzeichnis

Dedering, Heinz: „Einführung in das Lernfeld Arbeitslehre", München 1994

Langen, C.: „Schulinnovation durch neue Medien", Gütersloh 1999

Luczak, H.: „E-Learning- Kooperation in der Arbeitswissenschaft", Stuttgart 2005

Reinmann- Rothmeier, G.: „Didaktische Innovation durch Blended Learning", Bern 2003

Schmälzle, U.: „Neue Medien- Mehr Verantwortung", Bonn 1992

http://lernen.bildung.hessen.de/arbeitslehre/awa/news/1176825946.pdf
Zugriff am 19.06.2007 um 13:52 Uhr

http://www.e-teaching-austria.at/download_mat/Qualitaetskriterien.pdf
Zugriff am 19.06.2007 um 15: 46Uhr

BEI GRIN MACHT SICH IHR WISSEN BEZAHLT

- Wir veröffentlichen Ihre Hausarbeit, Bachelor- und Masterarbeit

- Ihr eigenes eBook und Buch - weltweit in allen wichtigen Shops

- Verdienen Sie an jedem Verkauf

Jetzt bei www.GRIN.com hochladen und kostenlos publizieren